Safari

Willkommen zur Safari mit Heyda Life!

Aus dem Dschungel unendlich vieler Bastel- und Gestaltungsmöglichkeiten haben wir Ihnen besonders wilde & elegante; zahme & liebevolle – aber immer interessante Bastelideen mitgebracht.

Alle Objekte drehen sich rund um den Heyda Life Bastelkarton mit Tierfellmuster.

Bilderrahmen, Schwingfiguren, Mappen, Karten, Boxen sowie Fenster- und Raumschmuck sind einfach und schnell nach detaillierten Anleitungen nachzuarbeiten. Darüber hinaus reizen sie immer zur Verwirklichung eigener Ideen und Kreativität in unendlich vielen Variationen.

Auf geht's zu den Geparden, Zebras, Tigern, Leoparden und Giraffen.

Viel Spaß!

& das gesamte HEYDA-Team

Der kleine Helfer

Hier sind Tips & Tricks zu den Basteltechniken erklärt, die auf den folgenden Seiten mit diesem kleinen Geparden gekennzeichnet sind.

Allgemeine Materialien:
- Architektenpapier
- weicher Bleistift
- UHU Alleskleber Kraft
- Hybridroller schwarz oder feiner Tuschestift
- Hybridroller weiß

Werkzeuge:
- Schneid-Unterlage
- Schere
- Schneidmesser
- Messerstift
- Falzbein (ersatzweise auch Messerrücken)
- Lineal
- Klammerhefter
- Zier-Bastelscheren

Übertragen der Zeichnungen

- Die Zeichnung mit Architektenpapier und Bleistift vom Bogen abnehmen.
- Anschließend alle Linien von der Rückseite mit Bleistift nachziehen.
- Das Architektenpapier mit der nachgezogenen Zeichnung nach unten auf das ausgewählte Material legen (damit die Motive nicht seitenverkehrt erscheinen) und mit Klebestreifen oder Klammern vor dem Verrutschen sichern.
- Alle Linien nochmal exakt nachziehen, damit sich der Graphitstaub der Unterseite auf das Werkstück überträgt. Diese Übertragungsmethode hat den Vorteil, daß die Zeichnung genau plaziert werden kann, da kein Kohlepapier die Durchsicht verhindert. Bleistiftstriche lassen sich später problemlos radieren.

Schneiden

- Saubere Innenschnitte und gerade Außenkanten entstehen durch das Schneiden mit einem Bastelmesser.
- Zum Schneiden an einem Lineal halten Sie das Messer schräg.
- Innenkurven werden mit steilgehaltenem Messer geschnitten.

Deckungsgleiche und identische Teile ausschneiden

- Um deckungsgleiche oder mehrere identische Teile auszuschneiden, werden die übereinanderliegenden Papierlagen außerhalb des Motivs mit einem Klammerhefter verbunden.
- Bei Fotokarton sollten es nicht mehr als zwei Lagen sein, damit er sich noch gut schneiden läßt.
- Die Motivlinien auch auf das zweite, bzw. die weiteren Teile übertragen.
- Sollen die Teile deckungsgleich aufeinanderpassen, muß darauf geachtet werden, daß ggf. das Papier Rückseite an Rückseite geklammert wird, um spiegelbildlich deckungsgleiche Teile zu erhalten.

Kontaktkleben

- Die zu verklebenden Teile dünn und gleichmäßig mit Klebstoff einstreichen.
- Nach dem Trocknen (ca. 10 Minuten) beide Teile durch kurzes, kräftiges Pressen zusammenfügen. Sie sind dann sofort fest miteinander verbunden und kein Klebstoff dringt nach außen. Allerdings sind dann keine Korrekturen mehr möglich.

Die Heyda Life Bastelkartons
gibt es in den Serien „Farm" und „Safari".
Die hier verwendete Serie „Safari" besteht aus Fotokarton mit den Tierfellmustern Tiger, Gepard, Giraffe, Zebra und Leopard.

Die Bogen sind beidseitig bedruckt und in zwei Größen erhältlich: einzeln als Großbogen 50 x 70 cm und mit kleinerem Tierfellmuster als Bastelpackung zu je 5 Bogen (23 x 33 cm) sowie als Sortiment.

Die Bastelpackungen enthalten Aufleger, auf denen der Kopf des jeweiligen Tieres abgebildet ist. Die Aufleger aus braunem Packpapier harmonieren mit Naturpapieren und laden somit zum Mitverarbeiten ein.

Die Kartongröße der Bastelpackungen eignet sich besonders für Karten, Schmuckelemente und kleine Motive.

Für Schachteln, Mappen usw. werden Großbogen benötigt.

Liegender Leopard

Material:
- Großbogen Heyda Life Bastelkarton Leopard für den Körper
- kleingemusterter Bogen aus der Bastelpackung Leopard für den Kopf
- Papierrest weiß für die Augen
- wasserfester Filzstift gelb, braun und schwarz
- Naturast, evtl. mit Grün

- Den Leopardenkörper zweimal (seitenrichtig und seitenverkehrt) auf eine Seite des Großbogens – den Leopardenkopf ebenfalls zweimal auf den kleinen Bastelpackungsbogen übertragen und alles ausschneiden.
- Alle Innenlinien mit schwarzem Filzstift nachziehen.
- Augen aus weißem Papier schneiden, aufkleben und mit den Filzstiften bemalen.
- Lichtpunkte bei Augen und Nase mit weißem Hybridroller aufsetzen.
- Die Körperteile Brust und Rücken entlang bis zur Schwanzspitze deckungsgleich aufeinanderkleben. Die Beine bleiben lose, damit das Tier auf einem Ast einfach befestigt werden kann.
- Die Kopfteile passgenau von beiden Seiten aufkleben. Zur besseren Abgrenzung der Kopfaußenkante entlang eine schwarze Linie ziehen.

Sitzender Leopard

Material:
- Großbogen Heyda Life Bastelkarton Leopard für den Körper
- kleingemusterter Bogen aus der Bastelpackung Leopard für den Kopf
- Papierrest weiß für die Augen und die Mundöffnung
- wasserfester Filzstift gelb, braun und schwarz
- Hybridroller rot
- Naturast, evtl. mit Grün

- Rechten und linken Leopardenkörper auf eine Seite des Großbogens – den Leopardenkopf zweimal auf den kleinen Bastelpackungsbogen übertragen und alles ausschneiden.
- Alle Innenlinien mit schwarzem Filzstift nachziehen.
- Augen und Mundöffnung aus weißem Papier schneiden, aufkleben und mit den Filzstiften bzw. dem Hybridroller bemalen.
- Lichtpunkte bei Augen und Nase mit weißem Hybridroller aufsetzen.
- Die Körperteile Hals und Rücken entlang bis zur Schwanzspitze deckungsgleich aufeinanderkleben. Die Beine bleiben lose, damit das Tier auf einem Ast befestigt werden kann.
- Die Kopfteile passgenau von beiden Seiten aufkleben. Zur besseren Abgrenzung der Kopfaußenkante entlang eine schwarze Linie ziehen.

Affenfamilie

Material:
- Universalkarton hellbraun
- Mulberry Paper 80g, braun
- heller Fotokarton für Schablonen
- Filzstifte braun und beige
- Zier-Bastelschere Reißverschluß „Franco“
- Naturäste

- Körperteile mit Händen und Füßen, sowie aufzuklebende Körperteile und Köpfe, je zweimal auf Universalkarton übertragen und deckungsgleich ausschneiden.
- Für die Fellteile Schablonen herstellen: Dazu die Vorlage auf Fotokarton übertragen und ausschneiden. Mit Hilfe dieser Schablonen und einem weichen Bleistift die Fellteile je 2mal (seitenrichtig und seitenverkehrt) auf die Rückseite des Mulberry Papers übertragen.
- Fellteile ausschneiden, Fellinnenkanten mit der Zierschere schneiden.
- Für innenliegende Ohren beim Affenbaby und dem unteren Affen das „Fell“ einschneiden, das Ohr jeweils einstecken und festkleben.
- Je zwei Kartonkörperteile deckungsgleich aufeinanderkleben. Das Baby nur den Rücken entlang zusammenkleben.
- Fellteile aufkleben und alle Innenlinien mit schwarzem Hybridroller ziehen, die Mundöffnungen ausfüllen und die Augen mit den Filzstiften malen.
- Augenlichter und Zähne mit weißem Hybridroller markieren.
- Köpfe und einzelne Gliedmaßen passgenau von vorn und hinten aufkleben.
- Das Baby auf die Hüfte des oberen Affen stecken.
- Alle Hände und Füße, die etwas greifen sollen, rundbiegen.
- Die Tiere lt. Foto an Äste hängen, ausbalancieren und festkleben.

Geparden

Material:

- Großbogen Heyda Life Bastelkarton Gepard
- wasserfester Filzstift orange und schwarz
- Moonrock-Papier graubraun, gelb und grün
- Mulberry Paper 80g, braun
- evtl. einige Gräser

Geparden

- Jeden Geparden zweimal (seitenrichtig und seitenverkehrt) auf eine Seite des Tierfellkartons übertragen und ausschneiden.
- Alle Innenlinien mit schwarzem Filzstift nachziehen.
- Augen mit orangem Filzstift und schwarzem Hybridroller malen.
- Lichtpunkte bei Augen und Nase mit weißem Hybridroller aufsetzen.
- Für die Bodenteile Moonrock-Papier und Mulberry Paper zurechtreißen und zusammenkleben. Evtl. einige Gräser zwischen die Papierlagen kleben.
- Einen Tierkörper auf das Bodenteil – den zweiten deckungsgleich von der anderen Seite dagegenkleben.

Panther

- Glanzkarton mit UHU por zusammenkleben, da dieser Klebstoff die Glanzoberfläche nicht verändert.
- Pantherkörper, Kopf, Hinter- und Vorderbein je zweimal (seitenrichtig und seitenverkehrt) auf die Rückseite des Glanzkartons übertragen und ausschneiden.
- Die Nase zusätzlich zweimal schneiden. Nasenlöcher, Augen (ohne Pupillen) und

Panther

Material:

- Glanzkarton schwarz
- Moonrock-Papier graubraun
- Mulberry Paper 80g, grün und braun
- Holographie-Folie selbstklebend in gelb (Augen), rot (Mund) und braun (Nase)
- Hybridroller silber
- wasserfester Filzstift braun
- UHU por Hartschaumkleber
- Zier-Bastelschere nach Wunsch

Mundöffnung mit einem Schneidmesser herausschneiden.

- Öffnungen mit Holographie-Folie hinterkleben sowie Nasen aufkleben.
- Augen mit braunem Filzstift malen und Lichtpunkte mit weißem Hybridroller setzen.
- Alle Innenlinien mit silbernem Hybridroller nachziehen und die Farbe gut trocknen lassen.
- Den Baumstamm zweimal aus Moonrock-Papier schneiden. Große und kleine ovale Blätter mit der Zier-Bastelschere aus Mulberry Paper schneiden. Die Blätter bis zur Mitte einschneiden und am Schnitt etwas übereinandergezogen auf den Stamm kleben.
- Körperteile passgenau aufeinanderkleben und die Hinterbeine so aufkleben, daß die Pfoten lose bleiben.
- Die Köpfe passgenau von vorn und hinten aufkleben.
- Ein Baumstammteil den Bauch entlang auf das Tier kleben, sodaß die Hinterpfote auf dem Stamm liegt. Zweites Baumstammteil von der anderen Seite deckungsgleich ebenso aufkleben.
- Zuletzt die zweiten Vorderpfoten von beiden Seiten aufkleben.

Zebra- und Geparden-Schachteln

- Auf dem Vorlagenbogen ist der Schnitt für die kleine Schachtel. Für die mittlere und große Schachtel können die Zeichnungen auf einem Fotokopiergerät auf 141 % bzw. 200 % vergrößert werden.
- Bei der großen Würfelschachtel muß eine Seitenwand extra zugeschnitten (mit Klebelaschen!) und angeklebt werden, da das Format 50 x 70 cm nicht ausreicht.
- Glanzkarton mit UHU por befestigen, da dieser Klebstoff die Glanzoberfläche nicht verändert.
- Den Schachtelschnitt auf die (Rück-) Seite des ausgewählten Kartons übertragen und ausschneiden.

Material Würfel-Schachteln Zebra:

- Großbogen Heyda Life Bastelkarton Zebra
- Glanzkarton schwarz
- Lederkarton weiß
- Heydawell weiß
- UHU por Hartschaumkleber
- Zier-Bastelschere z. B. Reißverschluß „Franco“

Material Rechteck-Schachteln Gepard:

- Großbogen Heyda Life Bastelkarton Gepard
- Glanzkarton schwarz
- 3D-Heydawell naturbraun
- Zier-Bastelschere z. B. Meereswogen „Matilda"

- Alle Knicklinien mit dem Falzbein an einem Lineal entlang vorfalzen und umknicken.
- Die Klebelaschen nach innen schlagen und die Schachteln im Kontaktklebeverfahren zusammenkleben.
- Die Schachteln nach unseren Beispielen oder nach eigenen Wünschen mit weiteren Papieren ausgestalten.
- Sollen Schmuckpapiere um die Schachtelkanten geklebt werden, sollten auch diese Kanten mit dem Falzbein vorgefalzt werden.
- Das Zebra* auf der großen Würfelschachtel wird schräg am Hals auseinandergeschnitten. Zuerst den Körper aufkleben und anschließend den Kopf so am Deckelrand befestigen, daß das Tier wieder vollständig ist.

* Das Zebra ist mit der entsprechenden Ellison-Stanzform beim Händler gestanzt worden.

Tiger- und Leoparden-Schachteln

Material Würfel-Schachteln Tiger:

- Großbogen Heyda Life Bastelkarton Tiger
- Glanzkarton schwarz
- 3D-Heydawell naturbraun
- Universalkarton hellbraun
- UHU por Hartschaumkleber
- Zier-Bastelschere z. B. Büttenrand „Gaspare“
- Aufleger aus Heyda Life Bastelpackung Tiger

- Auf dem Vorlagenbogen ist der Schnitt für die kleine Schachtel. Für die mittlere und große Schachtel können die Zeichnungen auf einem Fotokopiergerät auf 141 % bzw. 200 % vergrößert werden.
- Bei der großen Würfelschachtel muß eine Seitenwand extra zugeschnitten (mit Klebelaschen!) und angeklebt werden, da das Format 50 x 70 cm nicht mehr ausreicht.
- Glanzkarton mit UHU por befestigen, da dieser Klebstoff die Glanzoberfläche nicht verändert.
- Den Schachtelschnitt auf die (Rück-) Seite des ausgewählten Kartons übertragen und ausschneiden.
- Alle Knicklinien mit dem Falzbein an einem Lineal entlang vorfalzen und umknicken.
- „Fenster“ (siehe Deckel der mittleren Tiger-Schachtel) werden mit dem Bastelmesser aus dem Karton geschnitten. Weitere Kartons mit immer kleineren Auschnitten hinterkleben. Als „Bild“ z. B. den Tigerkopf des Heyda Life Bastelpackungsauflegers einkleben.

Material Rechteck-Schachteln Leopard:

- Großbogen Heyda Life Bastelkarton Leopard
- Glanzkarton schwarz
- Heydawell naturbraun
- Lederkarton chamois
- Universalkarton schwarz
- UHU por Hartschaumkleber
- Heydawell-Ribbler
- Aufleger aus Heyda Life Bastelpackung Leopard

- Die Klebelaschen nach innen schlagen und die Schachteln im Kontaktklebeverfahren zusammenkleben.
- Die Schachteln nach unseren Beispielen oder nach eigenen Wünschen mit weiteren Papieren ausgestalten.
- Sollen Schmuckpapiere um Schachtelkanten geklebt werden, werden auch diese Kanten mit dem Falzbein vorgefalzt.
- Motivteile durch den Heydawell-Ribbler gedreht ergeben zusätzliche Effekte (siehe schwarze Dreiecke der mittleren Leoparden-Schachtel).
- Für Beschriftungs-Fenster (siehe große Leoparden-Schachtel) werden Rahmen in gewünschter Form und Größe aus dem Material der Schachtel geschnitten und nur seitlich und unten festgeklebt. Von oben können Bilder usw. eingesteckt und wieder ausgetauscht werden (hier ein ausgeschnittener, auf Leoparden-Bastelkarton geklebter Leopardenkopf vom Aufleger der Heyda Life Bastelpackung).

Giraffen-Achteck-Schachteln...

Material Achteck-Schachteln:
- Großbogen Heyda Life Bastelkarton Giraffe
- Lederkarton chamois
- Heydawell naturbraun
- Universalkarton chamois
- Zier-Bastelschere z. B. Muschelwelle „Sofia“

Schachteln

- Auf dem Vorlagenbogen ist der Schnitt für die kleine Schachtel. Für die mittlere und große Schachtel können die Zeichnungen auf einem Fotokopiergerät auf 141 % bzw. 200 % vergrößert werden.
- Den Schachtelschnitt auf die (Rück-) Seite des ausgewählten Kartons übertragen und ausschneiden.
- Alle Knicklinien mit dem Falzbein an einem Lineal entlang vorfalzen und umknicken.
- Die Klebelaschen nach innen schlagen und die Deckel im Kontaktklebeverfahren zusammenkleben.
- Die Seitenwände (ca. 10 x 35 cm, 14 x 50 cm bzw. 20 x 70 cm) werden als Streifen geschnitten und ringsum, ebenfalls im Kontaktklebeverfahren, an die Klebelaschen des Bodenteils geklebt.
- Die Schachteln nach unseren Beispielen oder nach eigenen Wünschen ausgestalten.

Mappen

- Die großen Mappen sollten aus Stabilitätsgründen aus Karton geschnitten werden, die kleinen dagegen können auch aus festerem Naturpapier gearbeitet und mit Tierfellkarton ausgeschmückt werden.
- Den Mappenschnitt auf eine Seite des Tierfellkartons übertragen und ausschneiden.
- Alle Knicklinien am Lineal entlang vorfalzen und umknicken.
- Die Mappe wird geschlossen, indem zuerst die beiden Seitenflügel, dann die untere und zuletzt die obere Klappe umgeschlagen werden.

... und Giraffen-Mappen

- Die Klappen auf der Mappenvorderseite mit beliebigen Papieren, mit oder ohne Zierrand geschnitten, bekleben.
- Die markierten Löcher an der Spitze der oberen Klappe mit der Lochzange herausstanzen. Für einen Knopf werden zwei – für einen Ring nur ein Loch benötigt.
- Für Mappen aus weichem Naturpapier wird diese Klappenspitze vor dem Ausstanzen auf der Rückseite mit einem aufgeklebten Kartonstück verstärkt.
- Knopf (Ring) mit Bast in das Loch bzw. die Löcher knoten.
- Bast auf der Rückseite verknoten und festkleben.
- Als Verschlußband ein oder mehrere Baststücke (etwa 3mal so lang wie die Mappenhöhe) unter dem Knopf festknoten. Die Baststücke können noch mehrmals untereinander verknotet werden.
- Zum Verschließen der Mappe den Bast um die Mappe führen und zuletzt um den Knopf schlingen.

Material Mappen:
- Großbogen Heyda Life Bastelkarton Giraffe
- für den Verschluß je 1 farblich passender, großer Knopf oder Ring
- Natur- und Edelbast
- Lochzange
- Evtl. Zier-Bastelschere nach Wunsch

Zum Ausschmücken der Mappen:
- verschiedene Naturpapiere in Schwarz-, Rot- und Beigetönen wie Mulberry Paper 80g, Maisbart-Papier, Mango-Paper, Papyrus-Blätter usw.
- evtl. den Aufleger aus Heyda Life Bastelpackung Giraffe

Geparden- und Tiger-Mappen

Material:
- Großbogen Heyda Life Bastelkarton Gepard oder Tiger
- für den Verschluß je 1 farblich passender, großer Knopf oder Ring
- Natur- und Edelbast
- Lochzange
- evtl. Zier-Bastelschere nach Wunsch

- Die großen Mappen sollten aus Stabilitätsgründen aus Karton geschnitten werden, die kleinen dagegen können auch aus festerem Naturpapier gearbeitet und mit Tierfellkarton ausgeschmückt werden.
- Den Mappenschnitt auf eine Seite des Tierfellkartons (oder die Rückseite des Naturpapiers) übertragen und ausschneiden.
- Alle Knicklinien am Lineal entlang vorfalzen und umknicken.
- Die Mappe wird geschlossen, indem zuerst die beiden Seitenflügel, dann die untere und zuletzt die obere Klappe umgeschlagen werden.
- Die Klappen auf der Mappenvorderseite mit beliebigen Papieren, mit oder ohne Zierrand geschnitten, bekleben.
- Glanzkarton mit UHU por befestigen, da dieser Klebstoff die Glanzoberfläche nicht verändert.

Zum Ausschmücken der Mappen:
- verschiedene Naturpapiere in Schwarz-, Orange-, Beige- und Brauntönen wie Mulberry Paper 80g, Maisbart-Papier, Mango-Paper, Papyrus-Blätter usw.
- Glanzkarton schwarz
- UHU por Hartschaumklebe
- evtl. den Aufleger einer Heyda Life Bastelpackung Gepard oder Tiger

- Die markierten Löcher an der Spitze der oberen Klappe mit der Lochzange herausstanzen. Für einen Knopf werden zwei – für einen Ring nur ein Loch benötigt.
- Für Mappen aus weichem Naturpapier wird diese Klappenspitze vor dem Ausstanzen auf der Rückseite mit einem aufgeklebten Kartonstück verstärkt.
- Knopf (Ring) mit Bast in das Loch bzw. die Löcher knoten.
- Bast auf der Rückseite verknoten und festkleben.
- Als Verschlußband ein oder mehrere Baststücke (etwa 3mal so lang wie die Mappenhöhe) unter dem Knopf festknoten. Die Baststücke evtl. mehrmals untereinander verknoten.
- Zum Verschließen der Mappe den Bast um die Mappe führen und zuletzt um den Knopf schlingen.

Leoparden- und Zebra-Mappen

Material:

- Großbogen Heyda Life Bastelkarton Leopard oder Zebra
- für den Verschluß je 1 farblich passender, großer Knopf oder Ring
- Natur- und Edelbast
- Lochzange
- evtl. Zier-Bastelschere nach Wunsch

- Die großen Mappen sollten aus Stabilitätsgründen aus Karton geschnitten werden, die kleinen dagegen können auch aus festerem Naturpapier gearbeitet und mit Tierfellkarton ausgeschmückt werden.
- Den Mappenschnitt auf eine Seite des Tierfellkartons (oder die Rückseite des Naturpapiers) übertragen und ausschneiden.
- Alle Knicklinien am Lineal entlang vorfalzen und umknicken.
- Die Mappe wird geschlossen, indem zuerst die beiden Seitenflügel, dann die untere und zuletzt die obere Klappe umgeschlagen werden.
- Die Klappen auf der Mappenvorderseite mit beliebigen Papieren, mit oder ohne Zierrand geschnitten, bekleben.
- Glanzkarton mit UHU por befestigen, da dieser Klebstoff die Glanzoberfläche nicht verändert.

Zum Ausschmücken der Mappen:

- verschiedene Naturpapiere in Schwarz-, Weiß-, Beige- und Brauntönen wie Mulberry Paper 80g, Maisbart-Papier, Mango-Paper, Papyrus-Blätter usw.
- Glanzkarton schwarz
- UHU por Hartschaumkleber
- evtl. den Aufleger einer Heyda Life Bastelpackung Leopard oder Zebra

- Die markierten Löcher an der Spitze der oberen Klappe mit der Lochzange herausstanzen. Für einen Knopf werden zwei – für einen Ring nur ein Loch benötigt.
- Für Mappen aus weichem Naturpapier wird diese Klappenspitze vor dem Ausstanzen auf der Rückseite mit einem aufgeklebten Kartonstück verstärkt.
- Knopf (Ring) mit Bast in das Loch bzw. die Löcher knoten.
- Bast auf der Rückseite verknoten und festkleben.
- Als Verschlußband ein oder mehrere Baststücke (etwa 3mal so lang wie die Mappenhöhe) unter dem Knopf festknoten. Die Baststücke evtl. noch mehrmals untereinander verknoten.
- Zum Verschließen der Mappe den Bast um die Mappe führen und zuletzt um den Knopf schlingen.

Stehende Geier

Material:

- Graupappe
- Bastelfilz schwarz, Bogen 60 x 90 cm
- Universalkarton dunkelbraun und rubinrot
- Marabufedern weiß
- Wackelaugen ∅ 14 mm
- Filzstift schwarz
- UHU Bastelkleber
- knorriger Ast
- Naturbast
- Perlonfaden

- Körper, sowie rechten und linken Flügel, je 1mal auf Graupappe übertragen und die Teile mit einem Bastelmesser ausschneiden.
- Die Schnittkanten ringsum mit schwarzem Filzstift bemalen.
- Ein flauschiges Stück Marabufeder auf den Kopf kleben.
- Kopf und Füße je 2mal aus braunem Universalkarton schneiden und beidseitig auf die Graupappe kleben.
- Die rote Schnabelspitze ebenfalls beidseitig aufkleben.
- Den Filz großzügig zuschneiden und mit Bastelkleber aufkleben. Dazu eine Seite der Graupappe einstreichen, den Kleber mit einem Pappspachtel gleichmäßig dünn verteilen. Filz auflegen und andrücken.
- Kleber trocknen lassen.
- Filzüberstände an Hals und Beinen mit einer Schere – ansonsten mit einem Bastelmesser abschneiden.
- Die Rückseiten ebenso mit Filz bekleben.
- Alle Innenlinien bei Kopf, Hals, Flügeln, Beinen und Füßen mit schwarzem, bzw. weißem Hybridroller nachziehen.
- Einen Flügel von vorne – den zweiten von hinten ankleben.
- Marabufedern zurechtscheiden und im Kontaktklebeverfahren um den Hals kleben.
- Die Federkiele mit einem Filzstreifen verdecken.
- Wackelaugen aufkleben.
- Einen knorrigen Ast mit Naturbast aufhängen. Die Geier separat mit Perlonfäden aufhängen und die Füße mit wenig Klebstoff an dem Ast fixieren.

Fliegender Geier

Material Fliegender Geier:

- Graupappe
- Bastelfilz schwarz, Bogen 60 x 90 cm
- Universalkarton dunkelbraun und rubinrot
- Marabufedern weiß
- Wackelaugen ⌀ 14 mm
- Filzstift schwarz
- UHU Bastelkleber
- Perlonfaden
- Stopfnadel

- Körper und Flügel je 1mal auf Graupappe übertragen und die Teile mit einem Bastelmesser ausschneiden.
- Die Schnittkanten ringsum mit schwarzem Filzstift bemalen.
- Kopf 2mal aus braunem – Schnabelspitze aus rotem Universalkarton schneiden und beidseitig auf die Graupappe kleben.
- Den Filz großzügig zuschneiden und mit Bastelkleber aufkleben. Dazu eine Seite der Graupappe einstreichen, den Kleber mit einem Pappspachtel gleichmäßig dünn verteilen. Filz auflegen und andrücken.
- Kleber trocknen lassen.
- Filzüberstand am Hals mit einer Schere, ansonsten mit dem Bastelmesser abschneiden.
- Die Rückseiten ebenso mit Filz bekleben.
- Füße aus braunem Universalkarton aufkleben.
- Alle Innenlinien bei Kopf, Flügeln, Schwanz, Beinen und Füßen mit schwarzem bzw. weißem Hybridroller nachziehen.
- Marabufedern zurechtscheiden und im Kontaktklebeverfahren um den Hals kleben.
- Die Federkiele mit einem Filzstreifen verdecken.
- Wackelaugen aufkleben.
- Flügel und Körper ineinanderstecken und den Vogel zwischen Daumen und Zeigefinger ausbalancieren (bitte Hilfsmarkierung in der Vorlage beachten). Ein Loch durchstechen und das Tier an einem Perlonfaden aufhängen.

Schwing-Geier

Schwing-Geier

- Geier wie den Fluggeier arbeiten.
- Den Filzüberstand auf den Oberseiten der Flügel an der geraden Innenkante nicht zurückschneiden (siehe auch Vorlagenbogen; darauf achten, daß ein rechter – und ein linker Flügel entsteht!).
- Die Flügel mit diesen Filzüberständen im Kontaktklebeverfahren am Körper befestigen. Den am Rücken überstehenden Filz abschneiden.
- Zwei gleichlange Baumwollgarn-Stücke an den Markierungen durch die Flügel fädeln. Die Garnenden jeweils in gleicher Länge verknoten.
- Den Vogel an einen Naturast hängen, den Ast ausbalancieren und ebenfalls aufhängen.
- Die Zugschnur an bezeichneter Stelle durch den Bauch fädeln. So viele Perlen als Gewicht in die Schnur knoten, bis die Flügel waagerecht hängen.

Material Schwing-Geier:

- Graupappe
- Bastelfilz schwarz, Bogen 60 x 90 cm
- Universalkarton dunkelbraun und rubinrot
- Marabufedern weiß
- Wackelaugen ∅ 14 mm
- Filzstift schwarz
- UHU Bastelkleber
- Naturast
- Baumwollgarn schwarz
- Stopfnadel
- einige schwerere Perlen

Karten

Material:
- beliebiger Heyda Life Bastelkarton (Großbogen oder Bastelpackung)
- Naturpapiere in Schwarz-, Weiß-, Rot-, Beige- und Brauntönen wie Mulberry Paper, Maisbart-Papier, Mango-Paper, Papyrus-Blätter usw.
- Glanzkarton schwarz
- Magic-Karton in gold oder silber
- Holographie-Folie
- evtl. Zierscheren nach Wunsch
- Magic Locher nach Wunsch
- zum Beschriften Einlegeblätter aus hellem Papier, z. B. Tonpapier
- UHU stic Klebestift oder UHU por

Mit wenig Aufwand können effektvolle Karten nach unseren Beispielen oder nach eigenen Vorstellungen gearbeitet werden.

Karten aus Tierfellkarton
- Tierfellkarton ca. 21 x 15 cm groß zuschneiden und zur Doppelkarte falten. Dazu die Bruchlinie zuerst mit dem Falzbein an einem Lineal entlang vorfalzen.
- Schmuckelemente aus Naturpapier, Magic- und Glanzkarton (evtl. mit der Zierschere) schneiden und aufkleben.
- Magic- und Glanzkartonteile mit UHU por oder einem Klebestift befestigen, da diese Klebstoffe die Glanzoberfläche nicht verändern.
- Für Teile aus Holographie-Folie die Folie zuerst auf Karton aufziehen, ausschneiden und auf die Karte kleben.
- Beim großflächigen Giraffen-Bastelkarton evtl. ein oder mehrere Fellflecken mit einem Bastelmesser herausschneiden und die Ausschnitte mit Naturpapier hinterkleben.
- Zuletzt ein einfaches oder doppeltes Einlegeblatt arbeiten. Doppeltes Blatt nach Wunsch im Kartenbruch festkleben.

Karten aus Naturpapier
- ebenfalls als Doppelkarten schneiden und mit Tierfellkarton und Naturpapieren schmücken.

Schreibtischutensilien

Stiftebehälter

- Als Böden Kreisscheiben mit 6,6 bzw. 9 cm Ø aus Depafit schneiden.
- Für die Wände Kartonstreifen 10 x 23 cm bzw. 3,5 x 30 cm schneiden (nach Wunsch mit Zierschere) und im Kontaktklebeverfahren um die Außenkante des Kreisbodens kleben.
- Den Überstand zusammenkleben und die Röhren mit anderen Papieren ausgestalten.

Stifteschale

- Die Seitenwand 2mal auf Depafit übertragen und mit dem Bastelmesser ausschneiden.
- Je eine Seite mit Zebra-Bastelkarton bekleben.
- Einen etwa 16,5 cm langen und 20 cm breiten Heydawell-Streifen im Kontaktklebeverfahren auf die Kanten der Seitenwände kleben.

Geier-Bleistiftaufstecker

- Das ganze Tier auf braunen Universalkarton übertragen und ausschneiden.
- Das schwarze Federkleid sowie die rote Schnabelspitze aufkleben.
- Innenlinien und Augen mit weißem bzw. schwarzem Hybridroller malen.
- Als Halterung ein etwa 2 cm langes Plastiktrinkhalmstück abschneiden.
- Dieses Teil mit UHU por im Kontaktklebeverfahren längs auf die Rückseite des Geiers kleben.
- Das Halmstück aufschneiden und um den Bleistift stülpen.
- Radiergummihüllen und umklebte Bleistifte ergänzen den „Safari"-Schreibtisch.

Material:

- Großbogen Heyda Life Bastelkarton Zebra
- Heydawell weiß
- Glanzkarton schwarz
- Schaumstoffplatten-Reste, z.B. Depafit
- Universalkartonreste schwarz, dunkelbraun und rubinrot
- Knick-Plastiktrinkhalm
- UHU por Hartschaumkleber
- evtl. Zier-Bastelschere nach Wunsch
- evtl. Kreisschneider

Geparden-Rahmen

Material:
- Großbogen Heyda Life Bastelkarton Gepard
- 3D-Heydawell naturbraun
- Lackkarton schwarz
- Graupappe
- Filzstifte schwarz und orange
- Zier-Bastelschere z. B. Muschelwelle „Sofia“

- Beim Rahmen der Vorlage ringsum 6 cm zugeben (= äußerer Rahmen), das Innenteil (incl. aller Ausschnitte) ebenfalls ringsum 6 cm größer zeichnen. Beide Teile auf Graupappe übertragen und mit dem Bastelmesser ausschneiden
- Den äußeren Rahmen mit Glanzkarton bekleben. Passende Streifen aus 3D-Heydawell schneiden, die Ecken abschrägen und auf den schwarzen Rahmen kleben. Die Kartonkanten mit schwarzem Filzstift malen.
- Um die Bildausschnitte auf der Graupappe ca. 5 mm breite Streifen orange bemalen, ebenso die Innenkanten.
- Ca. 2 cm breite Streifen aus Glanzkarton schneiden, davon je 1 Kante mit der Zier-Bastelschere. Diese Streifen bündig mit den Kanten abschließend um die Ausschnitte kleben, anschliessend das ganze Teil mit Tierfellkarton bekleben.
- Zuletzt noch den äußeren Rahmen befestigen.
- Hinter die Bildausschnitte des Rahmens wird Karton geklebt. Er wird jeweils nur an drei Seiten befestigt, damit die Bilder ausgewechselt werden können.

Tiger-Rahmen

Material:

- Großbogen Heyda Life Bastelkarton Tiger
- Glanzkarton schwarz
- Graupappe
- Filzstift schwarz
- UHU por Hartschaumkleber

- Zwei Quadrate mit kleinem Bildausschnitt auf Graupappe übertragen und mit dem Bastelmesser ausschneiden.
- Den einen mit Tierfellkarton – den anderen mit Glanzkarton bekleben. Glanzkarton mit UHU por befestigen, da dieser Klebstoff die Glanzoberfläche nicht verändert.
- Die Graupappe-Schnittkanten mit schwarzem Filzstift bemalen. Beim Bastelkarton Tiger so gut wie möglich das Tigermuster um die Kanten fortsetzen.
- Den Tigerrahmen lt. Abb. auf den schwarzen Rahmen kleben.
- Hinter den Bildausschnitt des Rahmens wird Karton geklebt. Er wird nur an drei Seiten befestigt, damit das Bild ausgewechselt werden kann.

Leoparden-Rahmen

Material:
- Großbogen Heyda Life Bastel-karton Leopard
- Graupappe
- Heydawell naturbraun
- Universalkarton chamois
- Mulberry Paper 80g, braun
- evtl. Kreis-schneider

- Den äußeren, vollen Ring und den Halbring auf Graupappe übertragen, mit dem Bastelmesser ausschneiden und mit Heydawell bzw. Tier-fellkarton bekleben.
- Als Passepartouts Ringe aus Tierfellkarton (engster Aus-schnitt), Universalkarton und Mulberry Paper schneiden, aufeinanderkleben und hinter den Heydawellring kleben. Den Tierfellkarton-Halbring oben befestigen.
- Hinter den Bildausschnitt des Rahmens wird Karton geklebt. Er wird nur an drei Seiten befestigt, damit das Bild aus-gewechselt werden kann.

Giraffen-Rahmen

- Rahmen auf Graupappe übertragen und mit dem Bastelmesser ausschneiden.
- Rahmen mit Papyrusblatt beziehen, Überstände nach hinten umkleben.
- Aus dem roten Universalkarton ca. 2 cm breite Streifen schneiden, davon je 1 Kante mit der Zier-Bastelschere.
- Die Ecken des Zierrandes mit Lackmarker gold bemalen und die Streifen so hinter den Bildausschnitt kleben, daß etwa 5 mm nach vorne stehen.
- Braunen Universalkarton als Passepartout in den Rahmen kleben.
- Die Giraffe auf Bastelkarton Giraffe übertragen, ausschneiden, mit schwarzem Stift bemalen und aufkleben.
- Hinter den Bildausschnitt des Rahmens wird Karton geklebt. Er wird nur an drei Seiten befestigt, damit das Bild ausgewechselt werden kann.

Material:

- Großbogen Heyda Life Bastelkarton Giraffe
- Graupappe
- echtes Papyrusblatt hell
- Universalkarton dunkelbraun und rubinrot
- Zier-Bastelschere z. B. Meereswogen „Matilda"
- Lackmarker gold

Zebra-Rahmen

Material:

- Großbogen Heyda Life Bastelkarton Zebra
- Glanzkarton schwarz
- Lederkarton weiß
- Universalkarton rubinrot
- Graupappe
- UHU por Hartschaumkleber
- Hybridroller gold
- Filzstift schwarz

- Glanzkarton mit UHU por befestigen, da dieser Klebstoff die Glanzoberfläche nicht verändert.
- Den Winkel 2mal auf Graupappe übertragen und mit dem Bastelmesser ausschneiden.
- Einen Winkel mit Tierfell-, den anderen mit Glanzkarton bekleben.
- Die Seitenkanten des Glanzkarton-Winkels mit Filzstift bemalen.
- Die Winkel lt. Foto aufeinanderkleben.
- Passepartouts aus Leder- und Universalkarton schneiden, aufeinanderkleben und hinter dem Rahmen befestigen.
- Um den Ausschnitt des Lederkarton-Passepartouts eine goldene Linie ziehen.
- Hinter den Bildausschnitt des Rahmens wird Karton geklebt. Er wird nur an drei Seiten befestigt, damit das Bild ausgewechselt werden kann.